とっておきの〝魔法〟を教えます

おうちで作る
セレブごはん

杉山絵美

JN037689

中央公論新社

はじめに

　私のレシピのコンセプトは、簡単で、早くて、おいしいもの。

　日本全国だいたいどのスーパーでも手に入りやすい食材で、1品約10分、あっという間にできる、レストランのようにおしゃれでおいしいお料理です。

　私たちは、食事をしないと生きていくことは、できません。

　毎日、朝、昼、晩と三食食べると1週間で21回の食事をしています。

　1ヶ月だとなんと90回。

　1年になると、1095回もの食事をしているんです。

　一人で食べるごはん、家族と食べるごはん、友達と食べるごはん、パートナーと食べるごはん。

　今までの人生で考えると数えきれないくらいのたくさんの食事をしていますが、その中でどのお料理が記憶に残っていますか？

　食べることは人生の楽しみのひとつです。

　特別な記念日だけではなく、普段のごはんで幸せな気分になれること。

　私のお料理のレシピで大切にしていることは「五感」です。

　五感を全て足すと100％だとすると、味覚は何％あるかご存じですか？

　たったの1％なんです。

　80％以上は視覚が占めています。

　「おいしい」と感じるのは、味はもちろんのこと見た目がとっても大切。

　誰とどんなシチュエーションでいただくか……。それもとっても大切な要素です。

　心に残るおいしいお料理を作るには、見た目にも美しく「五感」にうったえかけるお料理を作ること。

　おいしいお料理は、人々を笑顔にして幸せにする魔法を持っています。

　この本を手に取ってくださった、皆様の食卓が華やかになり、そして、人生がより豊かで笑顔に溢れるように、そんな願いを込めて……。

　心も体も喜ぶ、心ときめくお料理のレシピをご紹介します。

杉山絵美

Contents

chapter 2

chapter 3

本書の決まりごと

・小さじ1＝5ml、大さじ1＝15ml、1カップ＝200ml（米の場合は1カップ＝180ml）です。

・野菜の「洗う」「皮をむく」などは、基本的に省略しています。

・加熱調理は、ガスコンロ使用を基準にしています。火加減はレシピの時間を参考に、適宜調整してください。

・電子レンジの加熱時間は、レシピにより600Wを基準にしたものと、500Wを基準にしたものがあります。W数が異なる場合は加熱時間を調整してください。また機種によって加熱の具合に差がありますので、様子を見ながら加熱してください。

・オーブンの温度や焼き時間は、機種によって差があるため、レシピの表示を目安にして、様子を見ながら加減してください。

・調味料は製品によって塩気や甘味などが異なりますので、味見をしながら適宜調整してください。

chapter

1

絶対作ってほしい、
人気メニュー

手に入りやすい食材で、あっという間にできる、
レストランのようにおしゃれでおいしいレシピを紹介します。
インスタグラムやウェブ連載でも好評をいただいた、
料理上手な母から教わった
クラシックなビーフストロガノフ、
ローストビーフの作り方もお教えします。

材料は3つだけなのに、まるでレストランのお料理みたい。
大きな反響をいただいたレシピです。
とっても簡単で、7分間でおいしくできます。
糖質制限をしている方にもおすすめです。

チキンのマッシュルーム
クリームチーズソース

[調理時間]

7分

[材料(2人分)]

鶏むね肉…1切れ(250g)
薄力粉…適量
ソース
│ クリームチーズ
│ (室温に戻す)…100g

マッシュルーム
　(エリンギやエノキダケでもよい)
　…10個
オリーブオイル…適量
塩…適量
黒コショウ(お好みで)…適量

[作り方]

1. フライパンを中火で温める。温めている間に、鶏むね肉を半分に開くように切って2枚にし、両面に薄力粉を軽くまぶす。フライパンにオリーブオイルを入れ、鶏肉を焼く(目安として片面2分ずつ)。肉の両面に軽く焦げ目がついたら、蓋をして蒸し焼きにする。

2. マッシュルームをさっと水洗いし、薄くスライスする。別のフライパンを熱し、オリーブオイルを入れ、マッシュルームを炒める。火が通り、しんなりして半分ほどの大きさになったら、クリームチーズを加えて溶かす。マッシュルームとチーズがほどよく絡まったら、火を止める。塩を少し加えて、味を調える。

3. 鶏肉をフライ返しなどで押してみて、弾力が感じられたら焼き上がり。皿に盛りつけて、上から2.のソースをかける。お好みで黒コショウ(粗びき)をかける。

Emie Advice

2の工程でクリームチーズが溶けにくい場合は、水を少量(大さじ1)加えてください。

Arrange

このチーズソースは、白身魚にもよく合います。ソースはお好みでアレンジしてください。私のお友達は、ソースに白ワインを入れて作ってくれました。

白身魚のムニエル・フレッシュトマトソース

[調理時間]

10分

[材料(2人分)]

白身魚…2切れ
薄力粉…適量
ソース
　ミニトマト…10個
　オリーブオイル…大さじ1
　醤油…大さじ½
　松の実 (なくてもよい)…大さじ1
イタリアンパセリ…適量

[作り方]

1. 白身魚に薄力粉を軽くまぶす。フライパンにオリーブオイル少量 (分量外) を入れて、皮面から中火で約2分焼く。裏返してさらに約2分焼く。

2. ソースを作る。別のフライパンに半分に切ったミニトマトとオリーブオイルを入れて、中火で約1分炒める。醤油を入れて沸騰したら火を止め、松の実を入れる。

3. 魚を皿に盛りつけ、2.のソースをかけ、イタリアンパセリを飾る。

Emi's Advice

ミニトマトをフライパンで炒める時に断面を下にして炒めると、汁がよく出ておいしいソースになります。お魚は皮面から焼き、裏返したら、水(大さじ1)を入れて蓋をし、蒸し焼きにするとふっくら焼きあがります。

お味噌とはちみつ風味のポークスペアリブ

[調理時間]

3分
（オーブンで焼く時間、
冷蔵庫で寝かせる時間は除く）

[材料（2〜3人分）]

骨つき豚肉…500g
はちみつ…大さじ2
味噌…大さじ2
酒…大さじ2

[作り方]

1. 豚肉をポリ袋に入れ、はちみつを加えて揉み込む。

2. 酒で溶いた味噌を1.に加え、さらに揉み込む。

3. 2.を冷蔵庫で30分〜1時間くらい寝かせてから、
   200℃に予熱したオーブンで20分焼く。お好みの野
   菜と一緒に皿に盛る。

Emi's Advice

はちみつに含まれる果糖とブドウ糖がお肉の組
織の中に入ると、加熱によるタンパク質の凝固を
防ぎ、お肉を柔らかくしてくれます。焼く前に冷蔵
庫で寝かせることで味が染みますが、5分くらい
で取り出して焼いても充分おいしくできます。

Arrange

翌日は薄くスライスしてパンに挟んでサンドウィ
ッチにしたり、小さく刻んでチャーハンに入れた
りしても。

ビーフストロガノフはどこの国のお料理かご存じですか？
ロシアのお料理なんです。
母の定番の手料理で、私が小さい頃から一番好きなメニューでした。
薄切りの牛肉を使うので、材料を揃えたらあっという間にできる
簡単煮込み料理です。

母のレシピの
ビーフストロガノフ

[調理時間]

10分

[材料（3〜4人分）]

牛薄切り肉…300g　　　　　　パプリカパウダー…大さじ2
玉ねぎ…1個　　　　　　　　　コンソメ（顆粒）…小さじ1
マッシュルーム…7〜8個　　　 砂糖…大さじ1
赤ワイン…50ml　　　　　　　塩…小さじ1
サワークリーム…180ml　　　　オリーブオイル…大さじ1

[作り方]

1. 玉ねぎはみじん切りにする。マッシュルームは薄切りにする。
   牛肉は食べやすい大きさに切る。

2. フライパンにオリーブオイルを入れて、中火で玉ねぎを炒める。
   玉ねぎが茶色くなってきたら、マッシュルームを加えてさらに
   炒める。

3. マッシュルームがしんなりしたら、牛肉を加えて炒める。色が半
   分くらい変わってきたら、赤ワインを加えてひと煮立ちさせる。

4. サワークリーム、パプリカパウダー、コンソメを加えて約4分
   煮る。砂糖と塩を入れてさらに少し煮詰める。

5. ごはんとともに皿に盛りつける。

Emi's Advice

添えるごはんは、みじん切りのパセリと塩ひとつまみを混ぜたパセリ
ライスにすると彩りも綺麗です。ごはんを器に入れて形を整えてから
盛りつけると、おもてなしの時にも映えます。器を水で濡らしてからご
はんを入れると、お米が器に張りつかず綺麗な形になります。

Arrange

薄切りのお肉を厚みのあるステーキ肉に代えると、さらにご馳走感
が増します。幅5mmくらいの細切りにして入れてください。また、マッ
シュルームの代わりに、まいたけ、エリンギ、しめじなどにしても。特
にまいたけからは、おいしい出汁が出るのでおすすめです。サワーク
リームの代わりにトマトの水煮1缶と生クリーム100mlにしても。まろ
やかで子ども向けのお味になります。

ウクライナのホワイトストロガノフ

[調理時間]

10分

[材料(3〜4人分)]

牛薄切り肉…250g　　　　白ワイン…50ml
オリーブオイル…大さじ1　生クリーム(乳脂肪分40%以上)
玉ねぎ…½個　　　　　　　…150ml
マッシュルーム…1パック　コンソメキューブ…1個
薄力粉…大さじ1　　　　　塩コショウ…適量

[作り方]

1. 玉ねぎをみじん切りにする。マッシュルームは薄切りにする。牛肉は食べやすい大きさに切る。

2. フライパンにオリーブオイルを入れて、玉ねぎを炒める。しんなりして透き通ってきたら、マッシュルームを入れてさらに炒める。

3. 牛肉に薄力粉を軽くまぶし、2.のフライパンに加えて強めの中火で炒める。肉の色が変わり始めたら、白ワインを入れる。沸騰してアルコールを飛ばしたら、生クリームとコンソメキューブを入れて、とろみがつくまで3分くらい煮込む。塩・コショウで味を調える。

Emi's Advice

生クリームの代わりに牛乳でもよいですが、とろみをつけるために、オリーブオイル大さじ1と薄力粉大さじ1を混ぜたものを入れてください。エリンギやしめじ、マイタケなどをさらに加えても。添えるごはんは、有塩バターとパセリのみじん切りを混ぜたバターライスや、パスタにしても。

Arrange

ウクライナ料理では、生クリームではなくサワークリームを使用します。レモンの搾り汁とレモンの皮のすりおろしを少量入れると爽やかな酸味が加わり、夏にもおすすめのクリームシチューになります。

ホワイトストロガノフは、ウクライナの白いビーフストロガノフ。
ロシア帝国の宮廷料理人には、ウクライナ人が多かったそうです。
お料理は国境を越えて、受け継がれていくものだと思います。
世界の平和に思いを馳せながら、ぜひお料理を作ってみてくださいね。

巻いて焼くだけの、エノキダケの肉巻きレシピを
おしゃれにアレンジしました。
いつものメニューもちょっとした工夫で
華やかな一皿になります。

エノキダケの豚バラ巻き、アンチョビトマトソース

[**調理時間**]

7分

[**材料**(約3人分)]

豚バラ肉…200g

エノキダケ…1パック

アンチョビ(フィレ)…3枚

酒…50ml

水…50ml

ミニトマト…6個

薄力粉…適量

塩・コショウ…適量

[**作り方**]

1. ミニトマトを半分に切る。アンチョビは細かく刻んでおく。

2. エノキダケは根本を切り落として、小房に分け、豚バラ肉で巻いていく。薄力粉を軽くふる。

3. フライパンを中火で熱して、2.を焼く。周りが色づいたら、酒と水、ミニトマト、アンチョビを入れてさらに焼く。煮汁が少し煮詰まったら味見をして、塩・コショウで味を調える。皿に盛りつけて、煮汁をかける。

Emi's Advice

豚肉でエノキダケを巻く時は、焼いた時ばらばらにならないように、きつめに巻いてください。豚こま切れ肉を使う時は、肉を広げてつぎはぎするように巻きます。アンチョビはチューブ入りのタイプでもよいですが、塩分が多いので必ず味見を。日本酒を入れるとまろやかなソースになり、白ワインを使うと大人の味になります。

Arrange

豚肉は、バラをロースに代えると少しヘルシーになります。豚肉の代わりに牛肉でもおいしいですよ。エノキダケをほかのキノコ類や、ナス、ズッキーニ、いんげんなどにしても。アンチョビがなければ、代わりにお醤油をほんの少し入れてください。

豚肉のサルティンボッカ

[調理時間]

7分

[材料(2人分)]

豚ロース肉…2枚 (200g)　　薄力粉…適量

お好みのハーブ　　　　　　レモン…適量

(セージなど)…適量

生ハム…2枚

[作り方]

1. 包丁で豚肉の筋を切る。脂を切る。

2. 豚肉の上にお好みのドライハーブをのせて、その上から生ハムをのせて、薄力粉を軽くふる。

3. 中火で熱したフライパンにオリーブオイル(分量外)を入れて、肉を生ハムの面を下にして焼く。1分半くらい焼いたら裏返して、さらに焼く。

4. 皿に取り分け、レモンを搾りかける。仕上げにハーブを飾る。

Emi's Advice

サルティンボッカは、イタリアのローマを代表する料理。仔牛肉・鶏肉・豚肉などに、生ハムとハーブのセージをのせて焼いたものです。セージは肉料理に合いますが、お好みのハーブでも。私は、オレガノ、ローズマリー、バジル、パセリをミックスして作ったりします。

Arrange

三つ星レストランのようなソースの作り方をお教えしますね。
3で肉を裏返したら、白ワイン大さじ2、水大さじ2、コンソメキューブ1/4個を入れる。少し煮詰めてから生クリーム大さじ2を加えて、ソースが半量になるまでさらに煮詰めます。

サルティンボッカとは「口に跳びこむ」という意味のイタリア料理。
すぐにできて失敗なく、おいしいですよ！
ホームパーティーで出したら
友人にレシピがほしいと言われたメニューです。

食品宅配サービスのOisixで
私がプロデュースしたミールキットが、
ご好評につき、完売しました。
その人気レシピをご紹介します。

ポテトとアスパラガスの
ジェノベーゼ風

[調理時間]

8分

[材料（2人分）]

じゃがいも…4〜5個
アスパラガス…3〜4個
ミニトマト…2〜4個
バジル（葉）…1束（約5g）

A

オリーブオイル…大さじ2
パルメザンチーズ…大さじ1
アーモンドパウダー
（スライスアーモンドや他のナッツでもよい）
　…大さじ1
塩・コショウ…各小さじ¼

[作り方]

1. じゃがいもは約1cm幅にスライスする（新じゃがいもを使う場合は、皮はむかなくてよい）。アスパラガスは長さ約4cmの斜め切りにする。ミニトマトは4つ割りにする。

2. 耐熱皿にじゃがいもとアスパラガスを入れ、ラップをして電子レンジ500Wで5分加熱する。

3. ジェノベーゼソースを作る。バジルを飾り用に少し取り置き、残りをみじん切りにする。器にバジルとバジルから出た水分も一緒に入れて、**A**を入れて混ぜる（スライスアーモンドや他のナッツを使用する場合は、ポリ袋に入れ、瓶の底などで叩いて細かく砕く）。

4. 2.のじゃがいもとアスパラガスに3.のソースを絡めて、トマトとともに皿に彩りよく盛りつける。

Emi's Advice

ジェノベーゼソースを作る時、ミキサーやハンドブレンダーを使うレシピもありますが、ここでは洗い物が少なくてすむ、より簡単な作り方にしました。バジルの代わりに、イタリアンパセリなどお好きなフレッシュハーブを使っていただいてもOKです。

Arrange

電子レンジからじゃがいもとアスパラガスを出し、ソースと一緒にフライパンで軽く炒めると、アーモンドが香ばしくなります。エビやチキンをグリルしてのせると、ワインにも合う華やかな前菜になります。カリカリに焼いたベーコンをのせれば、ジャーマンポテト風で子どもも喜ぶメニューに。アスパラガスをブロッコリーやいんげんに代えてもおいしくできます。

お魚の味噌漬けと
かぼちゃのグラタン

[調理時間]

8分(レンジの加熱時間、オーブンで焼く時間を除く)

[材料(2〜3人分)]

魚の味噌漬け…2切れ
かぼちゃ…¼個(300g)
生クリーム(乳脂肪分40%以上)
　　…100ml

塩・コショウ…適量
ピザ用チーズ…大さじ2(30g)
スライスアーモンド…大さじ½(5g)
ハーブ(飾り用。お好みで)…適量

[作り方]

1. かぼちゃを適当な大きさに切り(皮はむかなくてよい)、耐熱性の器に入れる。ラップをして電子レンジ600Wで6分加熱する。かぼちゃの皮を取り、グラタン皿に入れ、フォークなどで軽くつぶす(完全につぶしきらないほうが食べごたえがあってよい)。オーブンを200℃に予熱する。

2. 魚は4等分くらいに切り、オリーブオイル大さじ1(分量外)入れたフライパンに入れて、中火で焼く。

3. 魚の両面の色が変わったら(中まで完全に火が通っていなくてもよい)、生クリームを加えて、1〜2分煮詰める。塩・コショウをして味を調える。

4. 1.のかぼちゃの上に3.をのせて、上からチーズとスライスアーモンドを散らして、オーブンで20分焼く。焼き上がったら仕上げにハーブを飾る。

Emie's Advice

魚の味噌漬けは、味噌がついたまま焼いてください。焦げやすいので火加減をよく見てくださいね。かぼちゃの皮は加熱してから取ると楽ですが、やけどに注意。

Arrange

銀ダラやサケなど、味噌漬けであればどの魚でもOK。茹でたブロッコリーやほうれん草を入れると、ボリュームアップできます。生クリームの代わりに牛乳を使う場合は、小麦粉とオリーブオイルを大さじ½ずつ混ぜて加えるととろみがつきます。

お魚の味噌漬けの旨みとかぼちゃの甘味が
ほどよく調和した、クリーミーなグラタン。
ホワイトソースを作らなくてもいいのでとっても簡単!
驚くほどおいしく、ごはんにもパンにも合うレシピです。

玉ねぎとにんじん、鶏もも肉を炒めて
オレンジジュースで風味をつけます。
「えっ、オレンジ？」と思うかもしれませんが、
フレッシュな酸味と甘さがほどよく合って、ごはんがすすみます。

チキンと香味野菜の
オレンジ風味

[調理時間]

5分（煮込む時間は除く）

[材料（3〜4人分）]

オレンジジュース…50ml　　コンソメキューブ…1個
鶏もも肉（骨つき）　　　　醤油…大さじ1
　…3〜4本（500g）　　　塩…ひとつまみ
玉ねぎ…½個
にんじん…½本

[作り方]

1. 玉ねぎとにんじんをみじん切りにする。

2. 鍋にオリーブオイル大さじ1（分量外）を入れ、玉ねぎとにんじんを中火で3分くらい炒める。

3. 玉ねぎが透き通ってきたら、鶏肉を入れて、やや強めの中火で炒める。

4. 鶏肉の周りの色が変わってきたら、オレンジジュース、コンソメキューブを入れて中火で10分弱煮込む。鍋底が焦げつかないように、ときどき底からソースと一緒に混ぜる。

5. 醤油を入れてひと煮立ちさせ、塩をひとつまみ入れる。皿に盛りつけて、お好みでローズマリーなどのハーブを飾る。

Emi's Advice

玉ねぎとにんじんはできるだけ細かいみじん切りにすると、香味野菜の旨味が出ます。鶏肉は骨つきを使いましたが、骨なしでもOK。おすすめは、味が染み込みやすいもも肉です。むね肉を使う時は、表面に軽く小麦粉などを振るとパサつきにくくなります。

Arrange

鶏肉を入れずに、玉ねぎとにんじんを炒め、オレンジジュース、コンソメ、お醤油を加えて煮詰めて、香味野菜のオレンジ風味ソースとして使っても。白身魚やホタテ貝のグリルなど、魚介類とも好相性。木綿豆腐に小麦粉をつけてフライパンで焼いた豆腐ステーキのソースにすれば、ヴィーガン料理になります。

カジキマグロのセサミグリル

[調理時間]

5分（オーブンで焼く時間は除く）

[材料（2人前）]

カジキマグロ…2切れ
生ハム…2枚
白ごま…大さじ1
黒ごま…大さじ2
レモン（国産）…¼個
オリーブオイル…適量

[作り方]

1. オーブンを200℃に予熱する。カジキマグロが分厚い場合には1〜1.5cmの厚さにスライスして2枚にする（薄い場合には、スライスしなくてもよい）。

2. 白ごまと黒ごまを混ぜる。カジキマグロに生ハムを巻き、ごまを裏表両面にまんべんなくまぶす（生ハムの油分でごまがほどよく張りつく）。

3. オーブンの天板にオリーブオイルをひいて、約10分焼く。仕上げにスライスしたレモンを添える。

Emi's Advice

生ハムにごまがうまく張りつかない時には、オリーブオイルを少し塗ってください。お魚の厚みによって、焼き時間が異なります。軽く押して弾力があれば焼けていますが、不安な時は真ん中で縦半分に切って確かめてみましょう。

Arrange

カジキマグロ以外のおすすめは、エビ、ホタテ。ビールによく合う夏のおつまみになります。

以前、ディオールの広報として働いていた時、
テレビの密着取材を受けました。
その時に私が作っていたのは「エビのセサミグリル」。
今回は、エビをカジキマグロに代えて作ってみました。
カジキを生ハムで巻いて、ごまをまぶして焼くだけです。

生ハムとトマトのイタリアン春巻き

[調理時間]

5分（オーブンで焼く時間は除く）

[材料（2〜4人分）]

春巻きの皮…4枚
モッツァレラチーズ…1個
生ハム…4枚
ミニトマト…4個
オリーブオイル…適量
スライスアーモンド…大さじ4

[作り方]

1. モッツァレラチーズを4つ割りにする。ミニトマトを半分に切る。オーブンを200℃に予熱しておく。

2. 生ハムでモッツァレラチーズとミニトマトを包み、それをさらに春巻きの皮で包む（生ハムが小さい場合は、春巻き1個につき生ハムを1.5〜2枚使う。水で溶いた薄力粉を使うと、皮がしっかり留められる）。

3. オーブンの天板にオリーブオイルをひき、春巻きのとじ目を下にして並べる。上にスライスアーモンドをのせる。オーブンで8〜10分、焼き色がつくまで焼く。仕上げにハーブを飾る。

Emie Advice

生ハムの代わりにホタテやエビを使ってもおいしいです。

ホワイトオニオンスープ

[調理時間]

10分

[材料(4人分)]

玉ねぎ…大サイズ2個 (400g)
水…400ml
コンソメキューブ…1個
バゲット (スライス)…4枚
ピザ用チーズ…適量
塩・コショウ…適量

[作り方]

1. 鍋にざく切りにした玉ねぎ、水とコンソメキューブを入れて中火で煮る。玉ねぎが透明になったら火を止めて、ハンドブレンダーもしくはミキサーで攪拌する。塩・コショウで味を調える。

2. バゲットにチーズをのせて、オーブントースターで約5分、チーズが溶けるまで焼く。1.のスープを器に入れてチーズバゲットをのせる。

Emie Advice

玉ねぎは水から火にかけてください。弱火でじっくり煮ると甘味が増します。

Arrange

攪拌後に生クリームを足し、少し煮詰めてクリームスープにするのもおすすめ。水の代わりに牛乳を使ってもいいですが、沸騰させないように注意してください。

ホームパーティでお出しすると必ず歓声があがります。

簡単なのに、とっても華やか!

クラッカーやグリーンサラダを添えると、豪華な一品料理にもなりますよ。

サーモンとアボカドの タルタル

[調理時間]

7分

[材料 (約3人分 ※直径10cmの丸型容器1台で作る場合)]

サーモン (さくどり) …200g　　オリーブオイル…大さじ½

ディル※…1束 (約5g)　　　アボカド…半分

松の実…大さじ1　　　　　レモン汁…小さじ1

白だしもしくは　　　　　ミニトマト…7個くらい

　蕎麦つゆ…大さじ1　　　※ドライディルの場合は小さじ1

[作り方]

1. 器を用意する。できれば高さ10cm弱の丸いココット皿など。サーモンを5mm角に切り、器に入れる。ディルの葉を摘んで入れる (飾り用を取り置く)。

2. 松の実、白だし、オリーブオイルを1.に入れて混ぜる。

3. アボカドをフォークでつぶして、レモン汁とあえる。1.に入れて、上からスプーンなどでぎゅっと押す。

4. 皿に3.の器をひっくり返して逆さに盛りつける。ミニトマトを半分に切り、周りに飾る。仕上げにディルを飾る。

Emie Advice

容器はココット皿でなくてもOKですが、できれば底が平らな小さめのお皿を使ってください。アボカドを入れたら、スプーンで押して器に隙間がないように詰めると、ひっくり返した時に崩れにくいです。味が薄いと感じたら、お好みで白だしを別の器に入れて添えてください (白だしを入れすぎると形が崩れやすくなるため、別添えがおすすめです)。クラッカーや薄くスライスしたパンとも相性がいいですよ。

Arrange

ハーブはドライのものでもOK。お好みでパセリやミックスハーブを使っても。サーモンの代わりに、マグロやほかのお魚でもできます。マグロを使う場合は、イタリアンパセリ、タイム、ローズマリー、オレガノなどに代えるといいでしょう。

主人の大好物でおもてなし料理の定番。
クリスマスやちょっとした記念日に必ず作ります。
乾燥ポルチーニと生クリームだけなのに
高級レストランのような奥深いお味のソースになり、
ゲストはみんなおいしくてびっくりするんです。

ポークエスカロップ、
ポルチーニソース

[調理時間]

10分（ポルチーニを戻す時間は除く）

[材料(2人分)]

乾燥ポルチーニ…15g　　　塩・コショウ…小さじ¼
湯…½カップ　　　　　　　豚ヒレ肉
生クリーム(乳脂肪分45％以上)　　…2〜4切れ（120〜150g）
　…100ml　　　　　　　　薄力粉…適量

[作り方]

1. ソースを作る。器にポルチーニと湯を入れて、15分以上おいて戻す。フライパンにオリーブオイル大さじ½（分量外）を入れて、水気を切ったポルチーニを炒める。塩・コショウをふり、戻し汁を入れて、半分ぐらいになるまで煮詰める。生クリームを加えて、さらに半量になるまで煮詰める。味見して味が薄ければ、塩・コショウで味を調える。

2. 豚肉を手のひらで押して平たくのばし、両面に軽く塩・コショウをし、薄力粉を軽くまぶす（余分な粉ははたいて落とす）。

3. 別のフライパンにオリーブオイル大さじ1（分量外）を入れて強火で熱し、豚肉を入れ両面をこんがりと焼く。

4. 3.のフライパンに1.のソースを入れて中火で煮立たせ、肉に絡める。

Emié Advice

乾燥ポルチーニは、旨みが凝縮されているのでソースにコクが出ます。手に入らなければ、マッシュルームやマイタケなどで代用してください。生クリームは必ず乳脂肪分45％以上のものを使用すること。脂肪分が少ないものは、煮詰めると分離することがあります。

Arrange

フェットチーネやペンネなどと合わせてパスタソースにしたり、硬めに炊いたごはんとまぜてリゾットにしたり。豚肉の代わりに鶏むね肉や、淡白なお味の白身魚にも合います。

豚のズッキーニロール

[調理時間]

10分

[材料（2〜3人分）]

豚バラ肉（しゃぶしゃぶ用）…100g
ズッキーニ…½本
イタリアンパセリ
　（もしくはお好みのハーブ）…適量
味噌…大さじ1
オリーブオイル…大さじ1

[作り方]

1. ズッキーニをピーラーで薄くスライスする。イタリアンパセリは小分けにしておく。

2. 沸騰した湯に豚肉をくぐらせ、火を通してしゃぶしゃぶを作る。クッキングペーパーなどの上に置いて、水分と脂を吸わせる。

3. 味噌とオリーブオイルを混ぜてソースを作る。

4. ズッキーニを広げ、その上にハーブを3cm間隔で置き、さらに豚肉を重ねる。4.に3.のソースを塗り、端から巻いていく。

Emi's Advice

味噌の代わりにアンチョビペーストやジェノベーゼソースを塗ってもおいしいですよ。

サーモンジェノベーゼソース

[調理時間]

15分

[材料（3〜4人分）]

サーモン（刺身用）
　…3〜4切れ（200〜250g）
アボカド…1個
ジェノベーゼソース
　バジルの葉…20〜30g
　松の実…大さじ2
A　オリーブオイル…大さじ2
　パルメザンチーズ（粉）
　　…大さじ2
塩・コショウ…適量
薄力粉…適量
バジル（飾り用）…適量
レモン（お好みで）…適量

[作り方]

1. ジェノベーゼソースを作る。**A**をミキサーにかけてペースト状にする。空気に触れると変色するので、器に移してラップをしておく。

2. アボカドは皮とタネを除く。果肉をフォークでつぶし、**1.**と混ぜる。塩・コショウで味を調える。

3. サーモンに塩・コショウをふり、軽く薄力粉をまぶす。フライパンを中火にかけ、オリーブオイル（分量外）を入れて、皮面から軽い焼き色がつくように焼く。

4. 皿に**2.**を盛りつけ、その上に**3.**のサーモンをのせ、仕上げにバジルを飾る。お好みでレモンを搾る。

Arrange

ジェノベーゼソースはカジキマグロやエビ、ホタテ、チキン、蒸し野菜とも相性抜群。松の実をアーモンドやカシューナッツなどお好きなナッツに代えても。

ベーコン&ベジタブルキッシュ

[調理時間]

5分（オーブンで焼く時間は除く）

[材料（直径22cmの耐熱性パイ型）]

春巻きの皮…5〜6枚 　 ベーコン（生）…3〜4枚
生クリーム…200cc 　 パプリカ（赤）…½個
卵…2個 　 ミニトマト…5個
塩・コショウ…各小さじ½ 　 アボカド…1個
ピザ用チーズ…100g

[作り方]

1. パイ型に薄くオリーブオイル（分量外）を塗り、春巻きの皮を
   ずらしながら並べる。四角い皮を使う場合は、三角に半分に
   折り、折った山をパイ型の縁に沿って並べる。最後の一枚は、
   真ん中に広げて敷く（丸い皮の場合は、半分に折らず、広げたまま少
   しずつずらしながら並べる）。

2. ボウルに生クリーム、卵、塩・コショウを入れてよく混ぜる。

3. ベーコン、パプリカ、ミニトマト、アボカドをそれぞれ食べやす
   い大きさに切る。小さめにカットした方が焼き上がった時に切
   り分けやすい。具材を1.のパイ型にのせる。チーズをその上
   にのせる。上から2.の卵液をかける。

4. 170℃に予熱したオーブンで45分焼く。冷めたら型から出し
   て切り分け、皿に盛りつける。

Emie's Advice

サンドウィッチ用の食パンやクロワッサンを手や
麺棒で薄く押しつぶしたものを皮にすると、ボ
リュームたっぷりになります。今回はパイ型を使い
ましたが、タルト型やケーキ型など、オーブンに入
れられる耐熱性の器ならば大丈夫です。グラタ
ン皿でも代用できます。レシピからサイズを変え
て作る場合は、焼き時間を適宜調整してくださ
い。トースターで焼く場合は、中の具材まで加熱
できないこともあるので、フライパンなどで具材
に火を通してから、オーブンで焼くとよいですよ。

Arrange

具材は、ツナ、コーン、サーモン、茹でたかぼちゃ、
キノコ、小松菜、ほうれん草、ソーセージなどでも。
ベーコンを使わず、生クリームの代わりに豆乳や
アーモンドミルクで作ると、ベジタリアンキッシュ
になります。生クリーム・卵・チーズの代わりにお
豆腐を崩してクリーム状にしたもので作ると、ヴィー
ガンキッシュになります。また春巻きの皮を
敷かずに余ったごはんを下に入れて、キッシュグ
ラタンにしても。

パイ生地の代わりに春巻きの皮を使った、
とっても簡単なキッシュです。
食べ残しや余った食材を入れれば
フードロス削減メニューに。

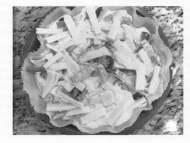

「イギリスの肉じゃが」。
ひき肉の上にマッシュポテトをのせて焼く、
簡単家庭料理です。
今回は和風にアレンジして、
エリザベス女王がお好きだったマーマレードで
マッシュポテトに風味をつけました。

和風コテージパイ

[調理時間]

15分 (オーブンで焼く時間は除く)

[材料 (2〜3人分)]

じゃがいも…2個 (300g)
牛乳…100ml
マーマレード (オレンジ) …大さじ1
塩・コショウ…小さじ¼
牛豚合いびき肉…200g
玉ねぎ…1個
赤ワイン…50ml
味噌…大さじ1½

[作り方]

1. マッシュポテトを作る。じゃがいもは皮をむかず、4〜5等分くらいの適当な大きさに切り、耐熱器に入れてラップをして、電子レンジ500Wで5分加熱する。取り出したら皮をむき、熱いうちにフォークでつぶして、牛乳を加える。マーマレードと塩・コショウを入れ、味つけする。オーブンを250℃で予熱する。

2. 玉ねぎをみじん切りにする。フライパンにオリーブオイル (分量外) を入れて玉ねぎを炒め、透き通ってきたら、ひき肉を加えて炒める。肉の色が変わったら、赤ワインを加えて沸騰したら火を止めて、味噌を加えてよく混ぜる。

3. グラタン皿に2.のひき肉を入れて、マッシュポテトをのせる。ポテトの表面にフォークで模様をつけ、オーブンで20分焼く。

Emi's Advice

じゃがいもは加熱すると皮がむきやすくなり、時短に。オーブンで焼く時、バターを少しのせると風味よくこんがり焼けます。マッシュポテトをよりなめらかにしたい場合には、ミキサーやハンドブレンダーで攪拌して、バターを加えてください。

Arrange

にんじんやきのこのみじん切り、レンコンの粗みじんなどを入れてボリュームアップできます。ひき肉と赤ワインを、日本酒とシーフードミックスに代えてもいいですよ。マーマレードの代わりにりんごジャムにしても。

母のレシピの
クラシックローストビーフ

[調理時間]

10分
(オーブンで焼く時間は除く)

[材料(5〜6人分)]

ローストビーフ

牛ももかたまり肉…1kg
牛脂(あれば)…適量
にんじん…1本
セロリ…1本
玉ねぎ…1個

グレービーソース

コンソメキューブ…2個
塩・コショウ…適量

[作り方]

ローストビーフを焼く

1. オーブンを160℃に予熱しておく。

2. 牛肉に塩・コショウ(分量外)をたっぷりかけておく。フライパンを中火で熱して、オイル(分量外)をひき、肉の表面の各面を、約1分ずつ、焼き色がつくように焼く。

3. にんじんは約1.5cmの薄さに切る。セロリは幅5cmくらいに切る。玉ねぎは縦半分に切り、にんじんと同じ薄さに切る。オーブンの天板にオリーブオイル(分量外)を塗り、野菜をのせる。

4. 3.の上に2.の肉をのせ、あれば牛脂を上にのせてオーブンで20分焼く(牛脂がない場合は、表面が乾燥しないようにアルミホイルをのせる)。

5. 焼けたら裏返して、さらに20分焼く。余熱でそのままオーブンが冷めるまで放置する(低温でも中までしっかり火が入る)。

グレービーソースを作る

1. 小鍋にローストビーフの台にしていた野菜と、肉汁と脂を入れて、水400ml(分量外)とコンソメキューブを入れて火にかける。

2. 10分くらい煮詰めて上に浮いた脂を取り除き、塩・コショウで味付けする。

3. 2.をこして、ソースにする。

Emie Advice

もう少し焼きたい方は、焼き時間30分を2回にしてみてください(焼き加減は調整してください)。焼けたお肉の中心まで竹串などを刺して、抜いた竹串が冷たくなければ、お肉の中心まで加熱されているのでOKです。

Arrange

和風のソースがお好みの方は、コンソメキューブの代わりにお醤油とみりんを入れて(各大さじ2)、わさびを添えてください。ソースに使ったお野菜は、そのまま食べられます。セロリの葉と浮いた脂を取り除き、残りは細かく刻んでローストビーフと一緒にどうぞ。

子どもの頃、クリスマスに母が作ってくれる
ローストビーフが楽しみでした。
見た目は本格的ですが、母のレシピはとても簡単。
準備10分、あとはオーブンに任せるだけです。

炊飯器にお米、ニンニク、しょうがと鶏肉を入れるだけでできる、
最高においしい手抜き料理です。
水分量を調整して、お米を好みの硬さにしてくださいね。

シンガポール風チキンライス

[調理時間]

3分（炊飯する時間は除く）

[材料（約2人分）]

鶏もも肉…2枚
米…1合（180ml）
ごま油…大さじ½

A
ニンニクすりおろし…小さじ½
しょうがすりおろし…小さじ½
醤油…小さじ1
酒…50ml
水…130ml
（酒と水の合計量は米と同量にする）

タレ
醤油…大さじ1
酒…大さじ1
みりん…大さじ1
しょうがすりおろし…小さじ1

[作り方]

1. 炊飯器に米（洗わない。気になる場合は、短時間で洗って水気をよく切る）と、ごま油を入れ、しゃもじなどで混ぜて、米粒をごま油でコーティングする。

2. 1.に、Aを入れてひと混ぜし、上に鶏もも肉をのせて、炊飯する。

3. 小鍋にタレの材料を入れて火にかけて、煮立ったら火を止める。

4. 皿に2.のごはん、鶏肉をのせて、お好みでハーブやトマトとともに盛りつけて、3.のタレを添える。

Emie Advice

ごま油でお米をコーティングすると、水分を吸収しすぎず、おいしく炊き上がります。鶏肉からも水分が出るので、お水の量は、やや少なめに。お米を2合分炊く場合は調味料を倍に、3合なら3倍にしてくださいね。鶏肉は、肉側に包丁で格子状に切り込みを入れると、お味がしみて柔らかくなります。

Arrange

炊飯器の中に野菜を入れて、同時に調理もできます。おすすめは、パプリカやブロッコリー、カリフラワーなど。野菜と一緒に炊く場合は、水の量を少し減らすとよいです（野菜から水分が出るため）。チンゲンサイや小松菜などの葉物は加熱で変色するため、別に茹でるか、レンジで加熱してから食べる前に添えてください。

あさりときゅうりの
イエローカレー

[調理時間]

10分

[材料(3〜4人分)]

セロリ…½本	ココナッツミルク…200ml
オリーブオイル…大さじ1	しょうがすりおろし…小さじ1
カレー粉…大さじ1	砂糖…小さじ2
あさり…300g	塩…小さじ½
白ワイン…50ml	きゅうり…1本
水…50ml	パクチー(お好みで)…適量

[作り方]

1. フライパンにカレー粉とオリーブオイル、粗みじんにしたセロリを入れて、中火で炒める。香りが立ってきたら、あさりと水と白ワインを入れて蓋をし、あさりの殻が開くまで中火にかける。

2. 1.にココナッツミルクとしょうがを加え、中火で3分くらい煮詰める。砂糖と塩を入れて味見して塩・コショウ(分量外)で味を調える。

3. 器にピーラーでスライスしたきゅうりをひだ状に軽く折りたたんでから盛りつけ、2.のカレーをかける。好みでパクチーを添える。

Emie Advice

主役のきゅうりをたくさん入れると、シャキシャキとした食感をより楽しめます。時間が経つとしんなりするので、いただく直前に盛りつけてください。セロリの代わりに玉ねぎや長ネギを使っても。カレー粉はセロリを炒める際に入れると、ダマになりません。

Arrange

あさりの代わりにハマグリやホタテでもおいしくできますし、貝をエビに代えても。魚介類は煮込みすぎると硬くなってしまうので注意してください。きゅうりを入れずに適当な大きさにカットしたパプリカやズッキーニ、ブロッコリーなどの野菜を入れて煮込んでも。ボリュームのあるタイ風カレーになります。

煮込み時間ほぼゼロ！
あさりから出るおいしい出汁とココナッツミルクで作る、
簡単イエローカレー。さらっとしたスープときゅうりの
シャキシャキ感の相性が抜群です。

甘塩サケと生クリームだけで
絶品パスタができます。
今回はペンネを使いましたが、
リボンの形をしたファルファッレもおすすめ。
華やかでかわいらしくて、
クリームソースとの相性もよいですよ。

サーモンクリームパスタ

[調理時間]

10分

[材料（2〜3人分）]

パスタ（種類はお好みで）　　　　パルメザンチーズ（粉）
　…120〜150g　　　　　　　　　…大さじ2
甘塩サケ…2切れ　　　　　　　　塩・コショウ…適量
オリーブオイル…適量　　　　　　ハーブ（お好みで）…適量
生クリーム
（乳脂肪分35％以上）…100ml

[作り方]

1. パスタを袋の表示より1分短く茹でる（茹でる湯には塩を入れない。
サケに塩分があるので、しょっぱくなってしまうため）。

2. サケの皮と骨を取り、フライパンにオリーブオイルを入れて、
中火で焼く。サケが焼けたら箸などでほぐし、生クリームを加
える。沸騰したら、火を弱めて、生クリームが半量になるくら
いまで煮詰める。

3. 2.のフライパンに茹で上がったパスタを入れ、パルメザンチ
ーズを加えて、中火にかけ、パスタにソースを絡める。沸騰し
たら、火を止める。味をみて塩・コショウをする。

4. 皿に盛りつけ、ディルなどのハーブを飾る。

Emi's Advice

サケは、塩ザケでもよいです。ただし塩分の量が変わりますので、必ず
味をみて塩・コショウを調整してください。生クリームは乳脂肪分の
低いものを使用すると、火にかけた時に分離してしまう場合があります。より濃厚でクリーミーなソースにする場合は、乳脂肪分が45％以
上のものを使ってください。最後にちょっとした小技を。パスタを茹で
る時、水にオリーブオイルを数滴たらしておくと、湯の吹きこぼれを防
止できます。

すだちとポークのパスタ

[調理時間]

10分

[材料（2人分）]

パスタ（種類はお好みで）…160g
豚こま切れ肉…200g
白ワイン…50ml
すだち…2個
パルメザンチーズ…大さじ3
塩…小さじ¼
コショウ…適量

[作り方]

1. 鍋に湯を沸かし、パスタを袋の表示より1分短く茹でる。

2. すだちはよく洗い、1個半は皮を薄くむいて1mmくらいの千切りにし、果汁を搾る。残りは輪切りにして飾り用に取り置く。

3. 豚肉を包丁で細かく刻む。フライパンにオリーブオイル（分量外）を入れ、中火で豚肉を炒める。豚肉の色が変わったら白ワインを加え、沸騰したらパルメザンチーズを入れる。チーズが溶けたら火を止めて、塩・コショウを入れて、すだちの皮と果汁を加えて混ぜる。

4. パスタを3.のフライパンに入れてよく絡めた後、皿に盛りつけ、仕上げにすだちの輪切りを飾る。

Emi's Advice

> 炒めた豚肉の味見をした時、少し塩気が濃いと感じるくらいがちょうどいいです。すだちの皮は加熱すると変色するので、火を止めてから入れること。皮はみじん切りやすりおろしにしてもいいですよ。

Arrange

> 豚こまの代わりにひき肉を使うと時短になります。ピーマン、インゲン、パプリカ、にんじん、玉ねぎなど、冷蔵庫に余っている野菜があれば、みじん切りにして豚肉と一緒に炒めて入れても。

さっぱりした酸味と爽やかな香りのすだちは、お刺身や焼き魚、
ステーキ、お鍋やスイーツ、何にでも相性がよい万能食材です。
豚肉とパルメザンチーズにすだちの酸味を加えたら
食欲をそそる、五感で楽しめる一皿になりました。

干物と豆苗でオイルベースのあっさりパスタを作りました。
旨みたっぷりの干物とシャキシャキした豆苗の相性がよく、
パスタを茹でている間に準備したら、あっという間に完成です。

干物と豆苗のパスタ

[調理時間]

10分

[材料(2〜3人分)]

パスタ (スパゲッティなど)…180g

アジの干物…3枚

ミニトマト…6〜8個

豆苗…1束

にんにく…1かけ

[作り方]

1. 湯を沸かして、パスタを袋の表示より1分短く茹でる。

2. ニンニクは半分に切る。ミニトマトも半分に切る。豆苗は2cm
   くらいに切る。干物は頭と尾を取り除き、食べやすい大きさに
   切っておく。

3. フライパンにオリーブオイル大さじ2 (分量外)、ニンニクの断
   面を下にして、中火で加熱してオイルに風味をつける。

4. 2.のフライパンに干物を入れて、中火で焼く。焼き上がったら
   骨を取り除いてほぐす。ミニトマトを加えて、軽く炒める。

5. 3.に茹でたパスタ、豆苗を加えて、さっと混ぜて炒める。豆苗
   のシャキシャキ感が少し残るくらいで火を止めて、皿に盛りつ
   ける。

Emie Advice

干物は焼いてからほぐすと骨が楽に取り除けます。今回はフライパン
を使って焼きましたが、魚グリルで焼いてほぐし、最後にパスタと混
ぜるやり方でもいいですよ。

コンソメジュレの冷たいコーンスープ

[調理時間]

15分
（冷蔵庫で冷やす時間は除く）

[材料（3〜4人分）]

とうもろこし…2本
粉ゼラチン…5g
コンソメスープ（市販品）
　…3カップ（600ml）
牛乳…1カップ（200ml）

Emis Advice

コンソメスープは、コンソメキューブ2個を600mlのお湯で溶かして作ってもOK。

[作り方]

1. 水大さじ2（分量外）に粉ゼラチンを入れてふやかす。

2. 温めたコンソメスープに1.を入れてよく溶かし、冷蔵庫で一晩冷やし固める。

3. とうもろこしは、包丁で実を芯から削ぎ落とすように切って、牛乳とともに、鍋に入れる。沸騰しないように火加減を調節しながら、中火で約5分煮る。

4. 3.をハンドブレンダーもしくはミキサーにかける。こし器でこして、冷蔵庫で冷やす（こさなくてもよい）。

5. 器に、4.のスープと2.のコンソメジュレを入れる。

Arrange

とうもろこしの代わりに塩茹でしたグリーンピースや枝豆でも。じゅんさいやポップコーンを浮かべるのもおすすめ。

栗リゾット

[調理時間]

7分（炊飯の時間は除く）

[材料（2～3人分）]

白米…½合（90ml）
玄米…½合（90ml）
水（炊飯用）…180ml
蒸し栗（市販品）…100g
コンソメキューブ…1個
水…100ml
生クリーム（乳脂肪分40%以上）
　…100ml
パルメザンチーズ（粉）…大さじ2
塩・コショウ…適量

[作り方]

1. 白米と玄米を合わせて炊飯器に入れ、水を注ぎ、すぐに炊飯する（浸水させない）。

2. 炊けた1.を鍋に移し、水、コンソメキューブ、生クリームを入れて中火にかける。

3. 沸騰したら、栗とパルメザンチーズを入れる。

4. チーズが溶けたら、塩・コショウで味を調える。器に盛りつけてオリーブオイルを上から回しかける。

Emi's Advice

白米だけで炊く場合は、水の量を150mlにしてください。
玄米だけの場合は、少し多めに。

Arrange

茹でたほうれん草や小松菜など緑色の野菜を加えると彩りが美しく、ボリュームもアップします。

chapter

2

モデルからも人気！
ヴィーガンメニュー

....

私がご紹介するヴィーガンレシピは、
誰でも取り入れられる、「ゆるーいヴィーガン」。
ルールはシンプル、お肉、お魚、動物性乳製品を取らないこと。
ルールを決めすぎると守れなかった時に苦しくなるので、
無理せずにその時できることだけをする。
パートタイムで楽しむ「時々ヴィーガン」です。

　私が初めてヴィーガンを意識したのは、本当に小さい子どもの頃でした。

　軽井沢を毎夏訪れていたジョン・レノンのファミリーと私の家族とで、わが家で食事をした時のことです。彼らは、母が張り切って作ったテーブルに並ぶたくさんのお皿の中の、お肉料理には手をつけなかったのです。

　子ども心に「なんで、こんなにおいしそうなフライドチキンを食べないんだろう？」と純粋に不思議に思ったのをよく覚えています。

　後から母にたずねてみると、「お野菜料理しか食べない人たちなのよ」と。

　そういう食事の仕方もあるのだなと子ども心に驚いて、後々まで強く記憶に残ることになりました。

　ずっと後になって、オノ・ヨーコさんとポール・マッカートニーの〝ミート・フリー・マンデー〟という活動について知りました。

　一週間に一度、月曜日はお肉を食べずに野菜を食べましょうという活動です。一週間に一日でもお肉を食べない日があれば、畜産業から排出されるCO_2ガスを大幅に削減できるという調査結果が出ていて、温暖化防止になるとのこと。

　「これは素晴らしいアイデアだからみんなで取り入れよう。一週間に一日肉を食べなければ、地球環境に優しく、人々の健康や動物の保護にもつながるんだ！」とポール・マッカートニーがインタビューに答えていました。

　地球に優しいだけでなく、体もすっきりして、いいことずくめ。週末に食べ過ぎてしまったら翌日の月曜日はお肉を食べないという簡単な提案に、とても感動しました。

　私はお肉もお魚も、もちろん乳製品も大好きですし、なんでも程よくバランスよく食べるのがいいと思うので、完全な菜食主義になるのではなく、ゆるい気持ちで毎日の食生活を楽しみながら、週の一、二日は、ヴィーガンデーにしています。

野菜たっぷり冷製トマトスープ

[調理時間]

5分

[材料（2〜3人分）]

トマトジュース…400ml
にんじん…½本
ズッキーニ…½本
きゅうり…½本
アボカド…½本
パプリカ…½本
オリーブオイル…適量
塩・コショウ…適量

[作り方]

1. トマトジュースを冷やしておく。野菜をサイコロ状に切る。

2. 器に野菜を盛りつけて、トマトジュースを注ぐ。

3. トマトジュースの部分に塩・コショウをし、オリーブオイルを回しかける。

Emi's Advice

トマトジュースをよく冷やしておくとおいしいです。仕上げのオリーブオイルはたっぷりかけてください。

Arrange

冷蔵庫に余っている野菜があれば、何でも入れてください。大根やピーマン、加熱して切ったじゃがいも、かぼちゃ、とうもろこしもおすすめです。

じゃがいもの代わりに里芋を使ったコロッケです。
里芋には粘り気があるので、つなぎにいろいろと入れなくても、
シンプルな材料で、おいしいヴィーガンコロッケに。
塩麴を使うと、まろやかな塩味になりますよ。

里芋とブロッコリーの
ノンフライコロッケ

[調理時間]

15分 (里芋を茹でる時間は除く)

[材料 (約3人分)]

里芋 (やや大きめ)…4個 (200g)　　パン粉…1カップ
ブロッコリー…⅓個　　　　　　　ミニトマト…8個
塩麹…大さじ1½　　　　　　　　塩・コショウ…適量

[作り方]

1. 包丁で里芋の表面に、ぐるりと一周、浅く切れ目を入れる。鍋に里芋を入れて、かぶるくらいの水を加えて火にかける。沸騰したら15分茹でる。

2. ブロッコリーは小房に分け、茎は硬い皮をむいて食べやすい大きさに切る。耐熱皿に入れて電子レンジ500Wで4分加熱する (または鍋で塩茹でにする)。

3. 1.の里芋の皮をむき、ボウルに入れてフォークでつぶす。ブロッコリーを細かく刻み、塩麹を加えて混ぜる。小判形に成形し、パン粉を表面全体につける。

4. フライパンにオリーブオイル (分量外) を入れて中火で熱し、コロッケを入れて片面3分ずつ、きれいな焼き色がつくように両面焼く。

5. 4.のフライパンをキッチンペーパーでさっと拭き、オリーブオイル (分量外) を入れて、半分に切ったミニトマトを入れ、断面を下にして焼く。塩・コショウをふる。皿にコロッケを盛りつけ、塩麹少量 (分量外) を上からかけ、トマトを添える。

Emié Advice

里芋は皮つきのまま茹でた方が、特有のぬめりが出て、栄養価も失われにくいです。大きさによって茹で時間が異なるので、竹串を刺して茹で具合の確認を。卵や小麦粉などで衣をつけなくても、里芋自体に粘り気があるのでくっつきます。

Arrange

コロッケだねの野菜は、茹でたほうれん草、小松菜などの緑の野菜、とうもろこしでも。量が多すぎるとうまく成形できないので、里芋よりもやや少なめにしてくださいね。

しいたけとレンコンのステーキ

[調理時間]

10分

[材料（2〜3人分）]

しいたけ…6個
レンコン…1節（180g）
パン粉…大さじ2
オリーブオイル…大さじ1½
塩・コショウ…各小さじ¼

[作り方]

1. しいたけの軸を切って石づきを除き、石づきのみをみじん切りにする。レンコンもみじん切りにする。

2. 器に、1.のしいたけ、レンコン、パン粉、オリーブオイル、塩・コショウを入れて混ぜる。

3. しいたけに2.を詰める。

4. フライパンを中火で熱し、オリーブオイル適量（分量外）を入れて、しいたけの詰め物をした面を下にして1分弱焼いて、裏返す。フライ返しで押しながら焼き、2分くらいしてこんがり焼き色がついたら、皿に盛りつける。好みでハーブを飾る。

Emie's Advice

しいたけに出汁をしっかり吸わせてください。

Arrange

みじん切りにしたニンニクや、長いものすりおろしを詰め物に足してもおいしいです。

まるごとカブと昆布のカルパッチョ

[調理時間]

5分

[材料 (2人分)]

カブ（葉つき）…1個
ミニトマト…2個
昆布の佃煮（角切り）
　　…3〜4枚（約大さじ1）
オリーブオイル…大さじ1

[作り方]

1. カブはよく洗い、葉を取り除いて茎の部分のみを刻み、カブの実は皮ごと2mm幅にスライスする。ミニトマトは¼の厚さに切る。

2. ソースを作る。昆布の佃煮をみじん切りにして分量の半分のオリーブオイルと混ぜる。

3. 皿にカブ、カブの茎、ミニトマトを彩りよく盛りつけ、ソースをかけて、残りのオリーブオイルを全体にかける。

Emie Advice

カブは少し厚めにスライスすると、食べ応えが出ます。カブの皮が気になる場合はむいてもいいですが、皮にも栄養があるので、まるごとスライスするほうがおすすめです。

Arrange

昆布の佃煮の代わりに、塩麹や醤油麹で代用しても。カブの代わりは大根、ズッキーニなど、お好きな野菜で作ってみてください。彩りと盛りつけ次第でおしゃれになりますよ。

レッドパプリカのお豆腐ムース

[調理時間]

10分（冷やす時間は除く）

[材料（2人分）]

パプリカ（赤）…1個
絹ごし豆腐…1丁
塩…小さじ½
コショウ…適量

[作り方]

1. パプリカを縦半分に切り、魚焼きグリルで8〜9分焼く（オーブントースターや、250℃に予熱したオーブンで焼いてもよい）。表面の皮が黒く焦げて少しむけたくらいになったら、すぐに氷水につけて、皮をすべてきれいにむく。

2. ミキサーに、豆腐、1.のパプリカ、塩、コショウを入れて撹拌する（豆腐は水切りせずにミキサーに入れる）。

3. 器に入れて、冷蔵庫で冷やす。

Emii Advice

塩をちょっと多めに入れて、パンに塗ったり、野菜スティック用のディップにするのもOK。更に濃厚にするにはコンソメ（顆粒タイプ）小さじ1、もしくはコンソメキューブ½個を砕いたものを入れて、ミキサーで撹拌して下さい。

キャベツのグリル・香草ナッツパン粉

[調理時間]

10分

[材料(2〜3人分)]

キャベツ…¼個
パン粉…½カップ
ミックスナッツ…½カップ
お好みのハーブ（パセリなど。
みじん切りにする。ドライでもよい）
　…小さじ1
オリーブオイル…大さじ1
塩・コショウ…各小さじ¼

[作り方]

1. フライパンにオリーブオイルを入れて、くし形切りにしたキャベツを中火で焼く。2分弱焼いてから裏返し、水大さじ3（分量外）を入れ、蓋をして2分蒸し焼きにする。

2. キャベツを焼いている間に、香草ナッツパン粉を作る。ナッツをビニール袋に入れて、瓶の底などで叩いて細かく砕く。別のフライパンにオリーブオイル適量（分量外）を入れて中火で熱し、パン粉、ナッツ、ハーブ、塩・コショウを入れて、パン粉が色づくまで炒める。

3. 1.のキャベツに2.をかける。お好みでハーブを飾る。

Emi's Advice

ブロッコリー、ズッキーニ、アスパラガス、小松菜、カリフラワーなど、お好きな野菜でも作ってみてください。メインディッシュにもなるベジタリアン料理です。

キヌアとパクチーのチョップドサラダ

[調理時間]

10分（キヌアを炊く時間は除く）

[材料（3〜4人分）]

キヌア…大さじ4
パクチー…1束（約30g）
ミニトマト…5〜6個
マッシュルーム…4〜5個
アボカド…½個
きゅうり…1本
パプリカ…½個
ドレッシング

A
　塩…小さじ¼
　コショウ…小さじ¼
　オリーブオイル…大さじ1
　メープルシロップ…小さじ1
　レモン汁…小さじ1½

[作り方]

1. キヌアを炊く。キヌアを目の細かいざるに入れて洗う。炊飯器にキヌア、同量の水（分量外）を入れ、米を炊くのと同じ要領で炊いて冷ましておく。

2. ドレッシングを作る。ボウルにAを混ぜ合わせておく。

3. パクチーは、飾り用に少しとっておき、それ以外を3cmの長さに切る。ミニトマトは四つ切り、他の野菜とアボカドは1cm角に切る。

4. ボウルに3.と1.のキヌアを入れて、ドレッシングと和える。器に盛りつけ、飾り用のパクチーをのせる。

Emis Advice

キヌアは、炊飯器で簡単に炊くことができます。具材はできるだけ同じサイズにカットすると、見た目も美しいです。お好みでチキンやサーモンを加えると、豪華なパワーサラダに。

オレンジ風味の味噌ディップ

[調理時間]

2分

[材料 (作りやすい分量)]

お好みの味噌…大さじ1
オレンジマーマレード
　　…小さじ1
オリーブオイル…大さじ1

[作り方]

1. 材料を全部混ぜる。

2. にんじん、きゅうりなど、お好みの野菜をスティック状に切り、1.の味噌ディップを添える。

Emi's Advice

お味噌とマーマレードの組み合わせにびっくりする方もいるかもしれませんが、程よい甘味と柑橘の苦味が調和しておいしい万能ソースになりますよ。

Arrange

マーマレードの代わりに、無農薬のオレンジの皮を細切りにしてはちみつ、お味噌と混ぜても。蒸した新じゃがいもにつけると絶品。豚肉や鶏肉とも相性がいいソースです。

きのことトマトのクリームシチュー

[調理時間]

15分

[材料（3〜4人分）]

玉ねぎ…½個
エリンギ…2〜3本
しめじ…1パック
マイタケ…1パック

A
| トマト水煮缶 (ホール) …1缶 (200g)
| 野菜ブイヨン…1個
| アーモンドミルク…1カップ (200ml)
| トマトケチャップ…大さじ1
| メープルシロップ…小さじ2

塩・コショウ…適量
砂糖…適量
ごはん…3〜4膳
スライスアーモンド…大さじ3 (15g)
パセリ (みじん切り) …適量

[作り方]

1. フライパンにオリーブオイル大さじ1 (分量外) を熱し、粗みじんにした玉ねぎを強めの中火で2分しっかり炒める。食べやすい大きさにしたエリンギ、しめじ、マイタケ、塩を加え、さらにしんなりするまで約3分炒める。

2. Aを加える。木べら等でトマトを崩しながら、中火で約8分煮る。シチューが煮詰まり、トマトの酸味が飛んだら味見をしてお好みで塩・コショウ、砂糖で味を調える。

3. ボウルにやや硬めに炊いたごはんを入れ、パセリ、スライスアーモンド、オイル大さじ1 (分量外) を加えて混ぜる。塩少々 (分量外) で味を調えて、シチューとともに皿に盛りつけて、できあがり。

Emi's Advice

玉ねぎをしっかり炒めて、甘みを引き出してください。とろみがつくまで煮込むと、トマトの酸味が飛んでまろやかで濃厚なシチューになりますよ。

Arrange

ブロッコリー、イエローやレッドのパプリカなど、彩り豊かなお野菜を入れてボリュームアップするのもおすすめ。ユニークなアレンジとして、すりおろしたしょうが小さじ1と、カレー粉大さじ1を入れた「ヴィーガントマトクリームカレー」もいいです。

Oisixで私がプロデュースした、
アーモンドミルクを使ったヴィーガントマトクリームシチュー。
きのこからおいしい出汁が出るので、とても味わい深くなります。
アーモンドとパセリのごはんを添えると、おしゃれなカフェメニューのよう。
大人気のミールキットで、多くの方に作っていただいています。

枝豆とかぼちゃの冷製リゾット

[調理時間]

10分（炊飯の時間は除く）

[材料（2人分）]

玄米…1合（180ml）
豆腐（絹ごし）…大さじ3
オリーブオイル…適量
岩塩…少々
枝豆ペースト
　枝豆（さや入り）…250g
　水…100ml
　オリーブオイル
　　…30ml（大さじ2）
　塩…小さじ½
かぼちゃペースト
　かぼちゃ…250g
　水…100ml
　オリーブオイル
　　…30ml（大さじ2）
　塩…小さじ½

[作り方]

1. 玄米を炊く。玄米と同量の水（分量外）を入れ、炊飯器で炊飯する。

2. 枝豆ペーストを作る。深鍋にたっぷりの水（分量外）を入れて沸かし、熱湯で約5分、枝豆を少し柔らかめに茹でる。器に茹でてさやから出した枝豆、水、オリーブオイル、塩を入れて、ハンドブレンダーやミキサーで撹拌し、冷蔵庫で冷やしておく。

3. かぼちゃペーストを作る。かぼちゃの皮をむいて種を取り、適当な大きさに切り、鍋で柔らかくなるまで茹でるか、電子レンジ600Wで5〜6分加熱する。器にかぼちゃ、水、オリーブオイル、塩を入れて、ハンドブレンダーやミキサーで撹拌し、冷蔵庫で冷やしておく。

4. 皿に枝豆ペーストとかぼちゃペーストを盛りつけて、真ん中に冷ました1.の玄米ごはんを盛りつける。ごはんの上に豆腐を飾り、オリーブオイルを回しかけ、岩塩をふる。

Emie Advice

枝豆ペーストとかぼちゃペーストが硬い場合には、水を足してください。

Arrange

水の代わりに豆乳やアーモンドミルクにすると、濃厚な味わいになります。枝豆の代わりにグリーンピースやそら豆、ブロッコリー、かぼちゃの代わりにさつまいもにしてもおいしいですよ。

枝豆とかぼちゃのビタミンカラーで彩りよく。
目に美しいヴィーガン料理です。
材料を変えたアレンジも楽しんでみてください。

ミラノ出張の際に、
イタリア人モデルの友人から教えてもらったレシピです。
炒め玉ねぎの甘みが出て、食べごたえがあります。
トマト缶と玉ねぎだけで作るシンプルなトマトソースは、
多めに作って冷凍しておくのがおすすめ。

トマトとナスのパスタ

[調理時間]

15分

[材料（3〜4人分）]

パスタ（種類はお好みで）…適量
トマトソース
    イタリアントマト缶…250g
    玉ねぎ…1個
    ナス…1個
    コンソメキューブ…1個
    塩・コショウ…適量

[作り方]

1. ナスはいちょう切りにして、フライパンで炒めておく。

2. みじん切りにした玉ねぎを鍋に入れて、オリーブオイル大さじ2（分量外）とともに中火で色づくまでよく炒める。

3. 2.にトマト缶とコンソメキューブを入れる。木べらなどでトマトを崩しながら、中火でじっくり煮る。煮詰まって半分くらいの量になったら、1.のナスを入れて、塩・コショウをふり、トマトソースを完成させる。

4. パスタは、たっぷりの湯にオリーブオイルを少しだけ（分量外）垂らし、袋の表示より1分短く茹でる。

5. パスタをトマトソースの鍋に入れて中火にかける。パスタがソースに絡まったら皿に盛りつけ、オリーブオイル（分量外）を回しかける。

Emi's Advice

玉ねぎはできるだけ細かく切り、じっくり炒めてください。トマトもじっくり煮込むと、酸味が飛んで甘味が残ります。

Arrange

鷹の爪を入れてピリ辛にしても。トマトソース（ナスを除く）は、多めに作って小分けにし、冷凍保存しておくといろいろ使えて便利です。お肉やお魚のグリルにかけたり、ピザやトーストにのせたり、ラタトゥイユのベースにしたりと活躍します。

アボカドと塩昆布の混ぜご飯

[調理時間]

3分（炊飯の時間は除く）

[材料（3人分）]

米…2合
アボカド…1個
塩昆布…適量
ハーブ（パセリ、セルフィーユなど）
　　…適量
オリーブオイル…大さじ1
塩…小さじ¼

[作り方]

1. 米を硬めに炊いて用意しておく。

2. アボカドは3cm角くらいに切る。軽くオリーブオイル（分量外）をかけておく。ハーブをみじん切りにする。

3. 1.のごはんに、オリーブオイル、ハーブ、アボカド、塩昆布を入れて混ぜ、最後に塩をふる。

Emie Advice

ご飯は硬めに炊く方が、具材との相性がよく、混ぜやすいです。アボカドはオリーブオイルでコーティングすると変色しにくくなりますが、食べる直前に作るのがおすすめです。

Arrange

オリーブオイルの代わりにごま油を使い、仕上げに炒りごまやすりごまを加えて和風にしても。

発酵なしのプチパン

[調理時間]

5分（オーブンで焼く時間は除く）

[材料（6個分）]

強力粉…300ml（約150g）
ドライイースト…小さじ1
ベーキングパウダー…小さじ1
砂糖…小さじ3
塩…小さじ1
湯…100ml
（触って温かく感じる程度の温度）

[作り方]

1. オーブンを180℃で予熱する。

2. ボウルに粉類をすべて入れて、箸などでよく混ぜる（粉は固まっていなければ、ふるわなくてOK）。そこに湯を加え、強力粉をつけた手で混ぜ、ひとまとまりになるようにこねる。

3. 生地を6等分し、丸めて、クッキングシートを敷いた天板の上にのせてオーブンで15分焼く。

Emi's Advice

焼きたてはふわふわで、おいしくいただけます。時間が経ってから食べる場合は、電子レンジで20秒ほど温めてください。

Arrange

中にお好きな具材を入れて楽しんでください。わが家のお気に入りは、ベーコンととろけるチーズです。

74

3

初心者でも失敗しない！
簡単スイーツ

誰が作っても失敗しない、
とっても簡単なスイーツのレシピを考えました。
急な来客があっても安心で、
きれいにラッピングすればプチギフトにも。
時短でおいしくできることを大事にしています。
子どもでも作れるレシピなので
ぜひ試してくださいね。

10歳の小さな友だちからのリクエストで、
シュガーボールクッキーを作ってみました。
子どもひとりでも作りやすい、簡単なレシピです。
ちょっとくらい材料の分量が違っても大丈夫ですよ。

シュガーボールクッキー

[調理時間]

10分 (オーブンでの焼き時間は除く)

[材料 (直径約3cm 約12個分)]

薄力粉…150ml (75g)
アーモンドプードル…大さじ3 (30g)
粉砂糖…大さじ3 (30g)
バター…50g
粉砂糖 (仕上げ用) …大さじ2

[作り方]

1. オーブンを170℃に予熱しておく。バターは室温に戻しておく。バターが冷蔵庫から出したての場合は、電子レンジ600Wで30秒温め、やわらかくする。

2. 粉類をビニール袋に入れてよく混ぜる。室温に戻したバターを入れて、袋の上から手でこねて混ぜて、ひとまとめにする。

3. 2.のクッキー生地を丸めて12等分にし、オーブンの天板にのせる。オーブンで12〜15分焼く。

4. クッキーを冷ましてから、ビニール袋に入れて、粉砂糖をまぶす。

Emi's Advice

子どもが作る時は、粉類をふるうとキッチンが粉だらけになりますのでふるわなくてよいです。大人が丁寧に作りたい時は、粉類はざるなどでふるうと、綺麗に混ざります。焼きたてのクッキーは崩れやすいので、冷ましてから粉砂糖をまぶしてくださいね。

バナナケーキ

[調理時間]

5分 (オーブンで焼く時間は除く)

[材料 (4人分 18cmのパウンドケーキ型1台分)]

バナナ (大きめのもの)…2本
バター (無塩もしくは有塩)…50g
砂糖…大さじ5
卵…2個
薄力粉…1カップ (100g)
ベーキングパウダー…小さじ2

[作り方]

1. オーブンを170℃に予熱する。

2. 鍋にバターを入れて火にかけ、溶かしバターを作る (または電子レンジ600Wで1分加熱する)。バナナをフォークなどでつぶしておく。

3. ボウルに砂糖、卵、薄力粉、ベーキングパウダー、2.を入れて、ハンドミキサーなどでよく混ぜる。

4. パウンドケーキ型に3.を入れて、オーブンで40分焼く。

Arrange

カップケーキ型に入れて作る場合は、170℃で約20分焼いてください。ラッピングすればギフトにも。刻んだチョコレートやナッツなどを入れるのもおすすめです。ほかにもジャムを混ぜてみたり、いろんなアレンジを楽しんでくださいね。

オーブンに入れるまで最短5分でできるバナナケーキです。
材料少なめ、作り方も極めてシンプルにしています。
急な来客の時、焼きたてのお菓子が最高のおもてなしになります。

本当に水だけで作ったヘルシーなゼリーです。
口に入れた途端にホロリと溶けるほど柔らかく、
ドリンク感覚でも召し上がっていただけます。
フルーツの自然な甘さがゼリーと調和して、暑い夏にもおすすめ。

ウォーターゼリー

[調理時間]

10分（冷蔵庫で冷やし固める時間は除く）

[材料 (4人分)]

粉ゼラチン…5g	**キウイソース**	**はちみつレモンソース**
湯…500ml	キウイ…1個	レモン（国産）…適量
	砂糖…大さじ2	はちみつ…大さじ2

[作り方]

1. ゼラチンをふやかす。水大さじ3（分量外）を入れた器に粉ゼラチンをふり入れて5分くらい置いておき、ふやかす（混ぜないこと）。

2. 湯（60℃以上）に1.を入れて、よくかき混ぜて溶かす。密閉容器に入れて、冷蔵庫で3〜4時間以上冷やし固める（冷蔵庫の奥や引き出し部分に入れると、早く固まる）。

3. キウイソースを作る。キウイをむき、½個分程度輪切りにする（飾り用）。ミキサーに水と砂糖、残りのキウイを入れて混ぜる。はちみつソースを作る。レモンを輪切りにし、さらに8等分にする。はちみつにレモンを入れる。

4. ガラスの器にゼリーを盛りつける。キウイソースをかけ、仕上げにキウイの輪切りを飾る。別の器のゼリーには、はちみつレモンソースをかける。

Emie Advice

ゼラチンは60℃以上のお湯で溶けますが、沸騰させると固まりにくくなります。沸騰させたお湯に水を足し、温度を約60℃まで下げてください。

Arrange

ソースはイチゴ、ブルーベリーなどお好きなフルーツで。フルーツジャムを水で溶かしても作れます。ジンやウイスキー、リキュールなどを入れると、食前酒がわりになります。

イチジクのミニタルト

[調理時間]

10分（オーブンで焼く時間は除く）

[材料（8個分）]

餃子の皮…8枚　　　牛乳…200ml
卵…1個　　　　　　イチジク…2個
砂糖…大さじ3　　　ミント（お好みで）…少々
薄力粉…大さじ1

[作り方]

1. カップケーキなどの型に餃子の皮を敷きこみ、200℃に予熱
   したオーブンで綺麗に色づくまで約6分焼き、タルトカップを
   作る（オーブントースターでもOK）。

2. カスタードクリームを作る。耐熱のやや大きめのボウルに、卵、
   砂糖、薄力粉、牛乳の順に、混ぜながら入れる。

3. ラップをせずに電子レンジ600Wで3分加熱する。いったん取
   り出し、よくかき混ぜる。さらに2分加熱した後、もう一度なめ
   らかになるまで混ぜる。

4. 1.のタルトカップに3.のカスタードクリームを入れて、4つ切
   りにしたイチジクをのせる。ミントを飾る。

Emie's Advice

餃子の皮はどんなものでもいいですが、種類に
よって厚さや大きさが多少異なるため、焼き時間
を調整してください。型がない場合は、アルミホ
イルで程よいサイズの器を作っても。カスタード
クリームは、電子レンジではなく、鍋で火にかけ
ても作れます。その際は、弱めの中火にして木ベ
ラでゆっくり混ぜながら加熱してください。

Arrange

カスタードクリームにバニラエッセンスを足した
り、ウイスキーやラム、リキュールを少し入れて大
人の味にしたりするのもおすすめです。ココアパ
ウダーや溶かしたチョコレートを混ぜたり、抹茶
や紅茶の葉、コーヒーを入れたりしてもいいです
ね。イチジクの代わりに、ぶどうやいちご、ブルー
ベリーなどをのせれば、季節のフルーツタルトも
作れます。

イチジクは、食物繊維やミネラルが豊富で栄養が高い、
「不老長寿の果物」。女性に嬉しい効果がたくさんあります。
余っていた餃子の皮をオーブンで焼いてタルト生地にして、
即席フルーツタルトを作ってみました。
カスタードクリームはレンジで加熱するだけで完成します。

焼きたては中からトロリとチョコレートが溶け出し、
翌日には、しっとりしたケーキになります。
5歳の子どもでも大人が手伝ってあげたら作れるくらい、超簡単なレシピです
砂糖を入れない生クリームや、いちごとともに召し上がって下さいね。

フォンダンショコラ

10分（オーブンで焼く時間は除く）

[材料（直径15cmのケーキ型1台）]

ブラックチョコレート…100g
バター（無塩）…100g
砂糖…½カップ
卵…2個
薄力粉…大さじ½

[作り方]

1. オーブンを190℃に予熱する。

2. ボウルにブラックチョコレートとバターを入れて、湯せん、もしくは電子レンジ（600W3分）で溶かす。

3. 2.に砂糖を加え、ハンドミキサーでよく混ぜる。卵、薄力粉の順に加え、そのつどハンドミキサーでよく混ぜる。

4. ケーキ型に3.を流し入れる。

5. オーブンで20分焼く。

6. 皿に移し、お好みで粉砂糖をふり、ホイップクリームやアイスクリームを添えて、ベリー系のフルーツを飾る。

Emis Advice

フォンダンショコラを冷やすと、口に入れた途端とろけるような、しっとりリッチなガトーショコラになります。ラッピングしてギフトにするのもおすすめです。

バニラプリン

[調理時間]

10分（冷蔵庫で冷やし固める時間は除く）

[材料（直径5cmの器 5個分）]

卵…3個　　　　　　砂糖…大さじ4　　　　**カラメル**
牛乳…250ml　　　バニラエッセンス　　　砂糖…大さじ2
生クリーム…100ml　　（なくてもよい）…適量　水…大さじ2
　　　　　　　　　粉ゼラチン…5g

[作り方]

1. カラメルを作る。小さめの鍋に砂糖と水を入れて中火にかけて、3分くらい混ぜずに置いておく。沸騰してしばらくすると鍋の周りから茶色くなるので、手早く混ぜて火を止め、耐熱容器に流し込む。

2. プリン液を作る。水大さじ2（分量外）を入れた器に粉ゼラチンをふり入れて、ゼラチンをふやかす。

3. ボウルに卵を割り入れて、泡立てないようにして箸などで溶きほぐす。生クリームを加えて、さらによく混ぜる。

4. 鍋に牛乳と砂糖を入れて中火にかけ、沸騰させないように砂糖を溶かす。砂糖が溶けたら火を止めて、2.のゼラチンを加えて溶かす。そこに3.を加えて混ぜる。バニラエッセンスがあれば数滴ふり入れる。

5. 1.の容器にプリン液を流し込み、冷蔵庫で一晩冷やす。

Emi's Advice

なめらかなプリンにするには、卵をよく溶きほぐすこと。そして、器に入れる前にこすとよいです。器が耐熱ではない場合は、プリン液だけを入れて冷やし固めます。固まったプリンの上から、カラメルソースを水で薄めてかけてください。

Arrange

カラメルの代わりに、フルーツジャムを少し水でのばして、ソースにしたり、フレッシュフルーツや生クリームをのせてプリン・ア・ラ・モードにしても。

子どもの頃、母の作ってくれる「バニラミルクセーキ」が
大好きでした。牛乳、卵、砂糖にバニラエッセンスを加えて
ミキサーにかけ、冷やしていただきました。
母のレシピに生クリームを足して、ゼラチンで固めたら、
なめらかなプリンが完成しました。

イタリア人のモデルの友達から教えてもらったレシピです。
とっても簡単なのに本格的なティラミスが自宅で楽しめます。
コーヒーの代わりに抹茶や小豆を入れて和風ティラミスにしても。

本場のティラミス

[調理時間]

10分
（冷蔵庫で冷やす時間は除く）

[材料（27×17cmの容器1台分）]

卵…3個
砂糖…大さじ5
マスカルポーネチーズ
　　…1パック（200～250g）
フィンガービスケット*…100g
インスタントコーヒー…大さじ3
湯…½カップ
ココアパウダー…大さじ1
＊カステラなどの
スポンジケーキで代用可

Emie
Advice
いちごやラズベリー、ブルーベリーなどのフルーツや、ペパーミントを添えると彩りが綺麗になります。

[作り方]

1. インスタントコーヒーを湯に溶かしておく。ガラスなどの器に、フィンガービスケットを敷き詰める。そこに濃く作ったコーヒーを注ぐ。マスカルポーネチーズを室温に戻しておく。

2. ボウルを2つ用意し、卵を卵白と卵黄に分ける。ハンドミキサーで卵白を泡立てて、メレンゲを作る。軽く泡立ったところで砂糖大さじ2を加え、さらにつやが出てツノが立つくらいまでしっかり泡立てる。

3. 卵黄に残りの砂糖大さじ3を加え、ハンドミキサーで白っぽくクリーム状になるまでかなりしっかり泡立てる。マスカルポーネチーズを少しずつ加えて、そのつど混ぜ合わせる。

4. 2.の卵白を3～4回くらいに分けて、3.のボウルに加え、ゴムベラで混ぜ合わせる。卵白がつぶれないよう、底からすくうようにさっくり混ぜる（決して電動ミキサーを使わないこと）。

5. 1.の器に4.を流し入れ、冷蔵庫で30分以上冷やす。

6. 冷蔵庫から出し、仕上げにココアパウダーをふりかける。

バースデースポンジケーキ

[調理時間]

15分
(オーブンで焼く時間、
デコレーションの時間は除く)

[材料 (直径18cmの丸型1台分)]

卵 (Lサイズ) ···3個
砂糖···120g
薄力粉···100g
牛乳···大さじ2
バター (無塩。有塩でもよい) ···20g

*Emi's
Advice*

卵をしっかり丁寧に泡立てるのがポイント。1日置くと、スポンジが落ち着いてデコレーションしやすくなります。生クリームはすぐに固くなるので「6分立て」くらいが塗りやすいです。ホイップクリームを絞り器で絞り出す場合には7分立てがおすすめです。

[作り方]

1. オーブンを170℃で予熱する。卵を卵白と卵黄に分けておく。牛乳とバターを器に入れて電子レンジ600Wで1分温め、ミルクバターを作っておく。薄力粉はふるっておく。

2. ボウルに卵白を入れ、ハンドミキサーで泡立てる。卵白がしっかり泡立ったら、砂糖を半分加え、さらに混ぜ合わせる。ツヤが出てきたら残りの砂糖を加え、きめ細かな泡のメレンゲにする。目安は、ハンドミキサーを持ち上げた時にツノが立つくらいまで。

3. 2.に卵黄を1つずつ入れ、ハンドミキサーでそのつど混ぜ合わせる。

4. 3.に薄力粉を入れる。ゴムベラを使い、メレンゲをつぶさないように底から生地をすくい上げ、生地を切るようにさっくりと混ぜ合わせる (ボウルを手前に回しながら混ぜるとよい)。

5. 4.のボウルに1.のミルクバターを少しずつ入れて、ゴムベラで混ぜる (一気に入れるとミルクバターが沈むので、少しずつ行う)。

6. ケーキ型に生地を流し入れる。入れ終えたら、20cmくらいの高さから2回落として生地の空気を抜き、表面を平らにならす。

7. オーブンで30〜35分焼く。焼き上がったら、生地が乾燥しないように、固く絞った濡れ布巾をかぶせて冷ます。

8. スポンジが冷めたら、厚みを半分にスライスしてお好みのクリームやフルーツなどでデコレーションする。

バースデーケーキは、みんなを笑顔にする魔法のケーキ。

私にとって、スポンジケーキを焼くのは特別な時です。

誰が作っても失敗しないレシピが完成しました。

ぜひみなさまも大切な人のお祝いに作って、

素敵な思い出の一日にしてくださいね。

おわりに

　小さい頃、料理上手な母とお料理をするのが大好きでした。母は世界一のシェフだと思っていました。

「大きくなったら、お料理の先生になりたい！」

　私は、そう母に言っていたそうです。

　親戚や友人たちを招いてホームパーティを開くのが大好きな母は、人懐っこい笑顔でちょっとおせっかいなくらいに周りを巻き込む天才です。
　そしていつも輪の真ん中！

　お誕生日やクリスマスなどの記念日には、母と一緒にたくさんのご馳走を作りました。おいしいお料理は、人を笑顔にする魔法だと思います。ホームパーティのお手伝いをするのが楽しくて、ゲストから「おいしい」という言葉を聞くのがなにより嬉しかったのを覚えています。

　母を通して学んだのは、「最上級のおもてなし」とは、お客様を自宅にお招きして手料理をふるまうこと。でも、ファッションブランドのPRをしていた私は、いつも忙しく、長時間キッチンに立って準備するなんて無理でした。
　1品10分、3品作っても30分でできるもの、
　そして、見栄えがよくておいしいこと！　それが基本です。

　食べることが大好きなので、世界中を食べ歩いて研究した時短レシピをもとに、友達を招いてホームパーティを開いていました。私が、あまりに短時間で料理を作るので、友人たちがレシピを教えてほしいと言ってくれるようになり、友達のためにお料理教室を開催しました。そして、念願叶って、2018年、『マリ・クレール』でレシピ連載をスタートさせていただいたことが私の「夢」への大きな第一歩となったんです。

　今は、昔以上にお料理を作るのが本当に楽しくて、「おいしい」という言葉がもっと聞きたくて、さまざまな食のプロジェクトも始動させました。
　まるで、小さい頃の夢を追っているかのようです。

そんな私の一番の「夢」であった「料理本」を出版する機会を作ってくだ
さった『マリ・クレール』と中央公論新社の方々に、言葉では言い尽くせな
いくらい心からの感謝の気持ちでいっぱいです。

　その「夢」により華やかな彩りを与えてくれた、蜷川実花ちゃんの友情に
も感謝。表紙の撮影をお願いした瞬間に「えみちゃんの頼みならば、もちろ
ん撮るよ！」って即答してくれました。

　いろんな方々に支えられていることを改めて実感しました。

　夢が叶うって本当に素敵なことですね！　私の本が書店に並んでいるの
を想像しながら、嬉しくて、涙ぐみながら、このあとがきを書いています。

　この本を手に取ってくださった方々が、周りの皆を笑顔にする
「心に残るお料理」を作っていただければ嬉しいです。

杉山絵美

撮影

カバー・著者プロフィール写真・P1〜2
蜷川実花
©mika ninagawa

P6〜7,12,16,19,27,30,32,39,46,53〜55,63,67,70,72,74〜75,80
本社写真部・奥西義和

P10,84
武田裕介

P11,35
橘 英輔
※特記なきものはすべて著者撮影

装丁・デザイン
野澤享子（Permanent Yellow Orange）

ヘアメイク
千葉智子（ロッセット）

編集協力
伊田博光　菊池美裕紀　荒井明子（レ・ソフィスト）

協力

株式会社越前水産
☎ 0776-89-2585

Oisix
📞 0120-366-016

JFおさかなマルシェ ギョギョいち
全国漁業協同組合連合会輸出・直販事業部
📞 0120-97-5019

えきちかマルシェ
☎ 0558-23-0871

黒龍酒造株式会社
☎ 0776-61-6110

コンエアージャパン合同会社
📞 0120-191-270

水産王国えひめ
愛媛県農林水産部水産局漁政課企画流通係
☎ 089-912-2606

生商株式会社
☎ 0776-53-2761

株式会社タイチ
☎ 0895-28-0248

NOTO高農園
☎ 0767-85-2678

武ちゃん農場
☎ 090-7698-9293

株式会社チェリーテラス
📞 0120-425668

Natural Farm Akisawa（あきさわ園）
☎ 0465-43-0305

株式会社パソナ農援隊
☎ 03-6734-1260

八海醸造株式会社
📞 0800-800-3865

ひがし丸
☎ 090-9949-0444

HISAYA KYOTO
☎ 03-6722-6629

FARM KEI
☎ 090-5671-9645

ミーレ・ジャパン株式会社
📞 0120-310-647

山梨銘醸株式会社
☎ 0551-35-2236

李荘窯業所
☎ 0955-42-2438

レイナ株式会社
☎ 092-781-7015

杉山絵美

慶應義塾大学卒業後、イギリスに留学。英国王室御用達である、コンスタンス・スプライ・フラワースクールにてディプロマ取得。同時に、隣接されていたカンパナフィニシングスクールにてエンターテイニングとクッキングを学ぶ。その後ケネス・ターナーに師事し、エリザベス女王主催の晩餐会の装飾のアシスタントなどを経験。帰国後、DIOR（ディオール）に広報として勤務する。2005年に独立し、PRエージェンシー STEP inc.を設立。ラグジュアリーブランドのPRを手がける。料理好きがこうじて、世界中を食べ歩いて研究したレシピをもとに料理教室を開催。2020年には株式会社FOOD LOSS BANKを友人と共同設立し、食品ロスの問題にも取り組む。ファッション誌『マリ・クレール』『VOGUE JAPAN』『mi-mollet』などで連載中。本書は、初の料理レシピ本。両祖父が文化勲章受章者である日本画家の杉山寧と建築家の谷口吉郎、伯父は、建築家の谷口吉生、作家の三島由紀夫。
Instagram @emisugiyama530
YouTube https://www.youtube.com/@emisugiyama6052/

おうちで作るセレブごはん
——とっておきの"魔法"を教えます

2023年 2 月25日　初版発行
2023年 9 月21日　再版発行

著　者　杉山絵美
発行者　安部順一
発行所　中央公論新社
　　　　〒100-8152　東京都千代田区大手町1-7-1
　　　　電話　販売 03-5299-1730　編集 03-5299-1740
　　　　URL https://www.chuko.co.jp/

DTP　ハンズ・ミケ
印　刷　大日本印刷
製　本　小泉製本